Wie Noah auf den grünen Zweig kam

AF398522

Wie Noah auf den grünen Zweig kam

Eine alte Geschichte

neu gedichtet und gemalt für Kinder und Eltern

von Britta Schuirmann

Herstellung und Verlag: Books on Demand GmbH Norderstedt
ISBN 3-8334-2747-7

Dieses Buch gehört:

....

Hier seht ihr mich, Britta Schuirmann, mit meinen Tieren.
Die sind wohl gerade aus einer anderen Geschichte hergelaufen.
Ich schreibe nicht nur gerne Geschichten; ich führe sie auch gerne
mit Kindern auf – am liebsten natürlich zusammen mit meinen
eigenen Kindern Lasse und Aaron und mit meinem Mann Martin.
Mein gelernter Beruf ist Religionspädagogin und wir wohnen in
Alveslohe, einem Dorf in der Nähe von Hamburg.

Ich hab da ein Gedicht für dich,
Ja, eigentlich auch so für mich.
Man könnt auch sagen – für uns beide,
Ich schreib was und du liest's zur Freude.

Ich kann hier was ganz Schönes dichten
Und dir deine Gedanken lichten.

Ich kann dir was zum Denken schenken
Und deinen Sinn ins Tiefe lenken.

Ich kann auch 'n paar Scherze machen
Und wenn de willst, kannst' drüber lachen.

Ich kann auch was ganz Warmes schreiben,
Als Sonne dir im Herzen bleiben.

Am liebsten schreibe ich vom Glück
Wenn du dich freust, schreib mir zurück.

Als Kind besaß ich ein Beet mit 'nem Pflänzchen,
um das ich an jedem Morgen ein Tänzchen
aus lauter Freud mit der Gießkanne machte,
bis ich eines Tages erwachte.
Es hatte am Abend zu regnen begonnen.
Das zarte Pflänzchen war weggeschwommen.
Denn zuviel Wasser an einem Ort
führt manchmal vom guten Erdboden fort.

So ging es auch Noah, der Schlimmes ahnte,
als Gott ihn vor der Wasserflut warnte,
die alles auf Erden würde vernichten.
Drum sollte Noah ein Schiff errichten
mit Platz für alles, was leben sollte,
weil Gott einen Neubeginn schaffen wollte,
weil er so unter dem Bösen litt,
was gut gemeint war, langsam entglitt.
Die Menschen und Tiere vertrugen sich nicht
und nahmen der Schöpfung ihr schönes Gesicht.

Gott wollte jedoch das Gute bewahren:
„Ein Paar jeder Tierart soll mit dir fahren.
Auch deine Familie, Noah, soll leben.
Das Schiff, die Arche, wird Zuflucht euch geben.

Ihr werdet durch alle Gefahren getragen
und ich bleibe bei euch an allen Tagen!“

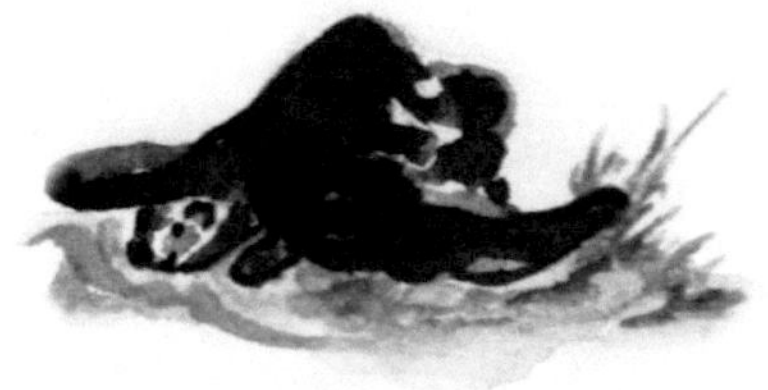

So wurde – hauruck – die Arche gehämmert.
Die anderen Menschen, die guckten belämmert.
„Ein Schiff? Auf'm Land? – Der Noah, der spinnt …"
Doch Noah sprach: „Weg da! Die Zeit verrinnt!
Ich muss da mal durch, macht Platz, ihr Leute!!"
So ging sie davon, die Holzkopp-Meute.

Danach rief Noah die Tiere herbei
und zählte sie durch, von jeder Art zwei.
Das gab ein Geschubse, Gebrüll und Getöse.
„Nun seid mal schön ruhig, sonst werd ich noch böse …"
Doch Noah lächelte tief in sich rein
und schmunzelnd zählte er das Gebein
der Tiere – doch einmal er stutzte,
weil ein Flamingo nur ein Bein benutzte.

Nun stand in der Reihe ein Elefant.
Da sagte Noah: „Nu bin ich gespannt.
Wieso, Elefant, bist du hier allein?“
Der Elefant seufzte: „Der Gatte mein
hat was vergessen, der Bummelant,
da ist er noch mal in den Urwald gerannt.“
Schon kamen die Regenwolken heran.
„Noch ist es trocken“, sprach Noah und sann:
„Herr Gott noch mal! Was soll ich bloß tun?
Ich kenn mich doch, werd nicht eher ruhn
bis alle brav in der Arche sitzen.

He Möwe, hörst du wohl auf zu stibitzen?
Der Platz dort bleibt für den Jumbo frei!
Du fliegst jetzt mal los und legst hier kein Ei.
Und such ihn geschwind – der Regen fängt an.
Wenn er stärker wird, fahr'n wir los – nach Plan."

Die Möwe gehorchte und flugs ging's los,
den Elefanten zu suchen. „Bloß
eins noch", rief sie, „gebt bitte Acht.
Das Ei ist gelegt, auf das es nicht kracht!"
Behutsam nahm Noah das Nest in den Arm:
„Keine Angst, liebe Möwe, wir halten es warm."

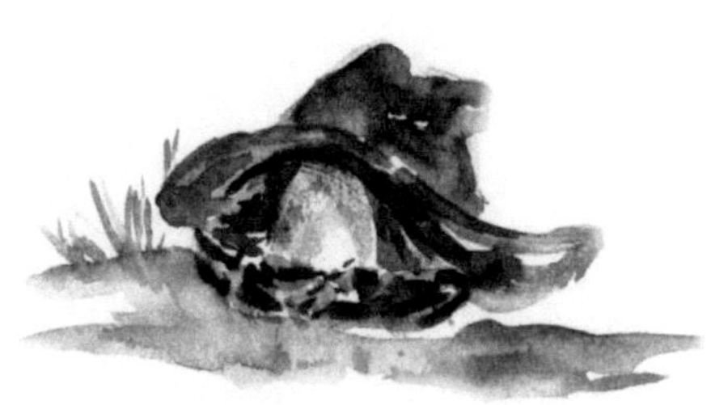

Die Möwe flog schnurstracks den Urwald an.
Im Sturzflug landete sie sodann
auf einem See. Die Augen sich rieb
der Elefant, der seelenruhig trieb
in der Mitte des Sees und seinen Gedanken,
war eingeschlummert, zwischen Seerosenranken.
„Was machst denn du hier?" frug er benommen.
„Ja, hast du denn gar nix mitbekommen?
Von Noah? Der wartet mit allen Tieren!
Und du liegst hier mit allen Vieren
hoch in der Luft und lässt dich treiben.
Jetzt komm erst mal raus, so kannst du nicht bleiben.
Du hast ja den Rüssel voll Algengestrüpp.
Nun wisch das mal weg und dann geht's zurück
zur Arche, beeil dich! Wir sind schon spät dran.
In Kürze ist alles ein Ozean!"

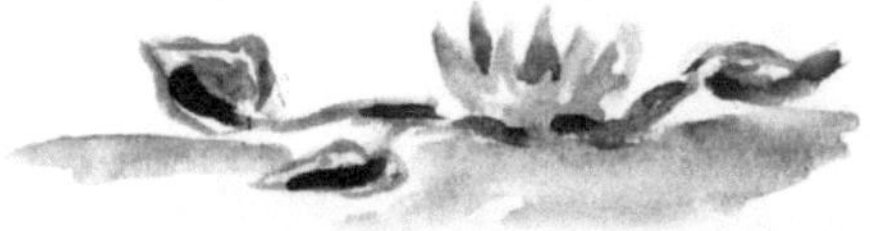

So traten sie flink den Rückweg an,
der Elefant dabei zu reden begann:
„Ja, weißt du, Möwe, das war nämlich so:
Als Noah uns rief, da waren wir froh.
Na endlich, ein Ausflug! Jetzt komm'n wir mal raus!
Und ohne zu denken, verließen das Haus
ich und meine Frau – nee, andersrum:
Der Esel zuletzt – kleiner Scherz – und drum
hatte ich völlig und voll noch vom Essen
was Wichtiges noch zu bedenken vergessen,
weil Noah sich doch so viel Arbeit machte,
da dacht ich, dass ich zum Geschenk ihm brachte
was Schönes, drum ging ich noch mal zurück,
um was zu suchen – vielleicht 'n Stück
Elfenbein, nee, iss jetzt kein Witz,
der Urwalddoktor zieht Zähne wie 'n Blitz!"
Die Möwe dachte: „Bei dem ist was locker –
und nicht nur die Zähne, der haut mich vom Hocker."
Laut sprach sie: „Wart mal, ich muss mich mal setzen.
Wir machen 'ne Pause, vom vielen Hetzen
ist mein Gefieder schon richtig nass!
Dir zuzuhören macht aber Spaß."

„Na denn“, sprach der Elefant froh und heiter,
kam richtig in Fahrt und sprudelte weiter:
„… ich fand das geschmacklos, das mit dem Zahn.
Geschmackvoller fand ich, was dann und wann
meine Frau zu mir sagt, ganz unverfroren:
Schatz, sagt sie dann, hast du Bohnen in ’n Ohren?“
„… oder Grütze im Kopp“, dachte die Möwe.
„Wir müssen jetzt weiter – horch, der Löwe
der brüllt schon, zur Arche ist’s nicht mehr weit,
ist wirklich sehr lustig, der Weg zu zweit …“

Der Elefant platzt' fast vor Stolz und lief weiter.
Er wurde noch schneller: „Ich fand's gescheiter,
was mitzubringen vom Baum, aus'm Wald.
Zwar sind Bohnen lecker, doch werden die alt.
Nun gibt's auch die Bäume schon ewig, na klar,
doch besser 'Urwald' als 'uralt', haha!
Ach übrigens 'ewig', wie spät ist es nur?
Im Urwald da gibt's nämlich gar keine Uhr."
„… und keine Tassen im Schrank", dacht' die Möwe.
Laut sagte sie: „Keine Ahnung, der Löwe,
der winkt uns schon zu und ruft uns zur Eile.
Mit dir, Elefant, gibt's wohl nie Langeweile."
„Naja", sprach der Elefant, „wie man es nimmt,
meine Frau, die Gute, ist manchmal verstimmt.
Ich bin nämlich auch mitunter zerstreut,
vergess mich ein wenig – und auch die Zeit,
verlier mich im Tun und meinen Gedanken …
und find mich dann wieder in Seerosenranken
oder besser gesagt: werde gefunden –
ach ja, liebe Möwe, vielen Dank unumwunden
fürs Wecken aus meinen Träumereien.
Meine Gattin, die kennt das, die wird mir verzeihen,
dass ich unterwegs gebummelt hab,
dafür dieses schöne Zweiglein ich trag!"

So kamen sie schließlich und endlich an
bei Noah, das Nestchen war auch noch warm.
„Hier, bitteschön, Noah, ein Zweiglein für dich ..."
„Oh, danke", sprach der, „wie freue ich mich!
Wenn alles vom Wasser wird überschwemmt
und keiner mehr ein Stück Land erkennt,
dann werden wir dieses Zweiglein betrachten
und wissen, wir müssen das Kleine beachten.
Ich dank dir von Herzen, mein Elefant.
Du hast in der Tiefe schon erkannt,
was Gott mit diesem Neubeginn will ..."
Da wurd's in der ganzen Arche still.
„Gott will, dass wir seine Schöpfung beachten,
uns freuen und gegenseitig achten,
mit Gottes Augen das Schöne erkennen
und so uns nie wieder von ihm trennen."

So fuhren sie ab, mit Zuversicht.
Und vierzig Tage ohne ein Licht
verbrachten sie in der Dunkelheit,
die Menschen und Tiere, jeweils zu zweit.

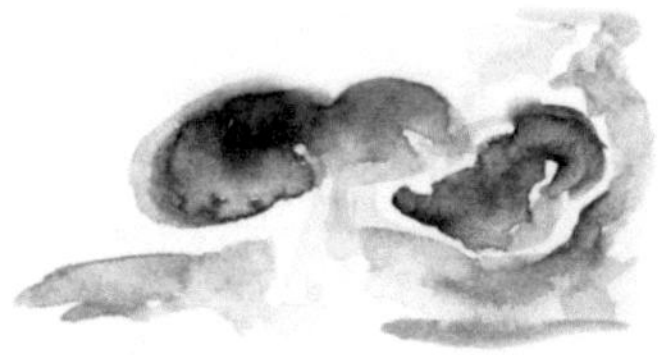

Der Regen draußen wurd' immer stärker.
In der Arche war's eng wie in einem Kerker.

Nun ja, unterwegs – du kannst es dir denken,
da musste Noah so manches einrenken …

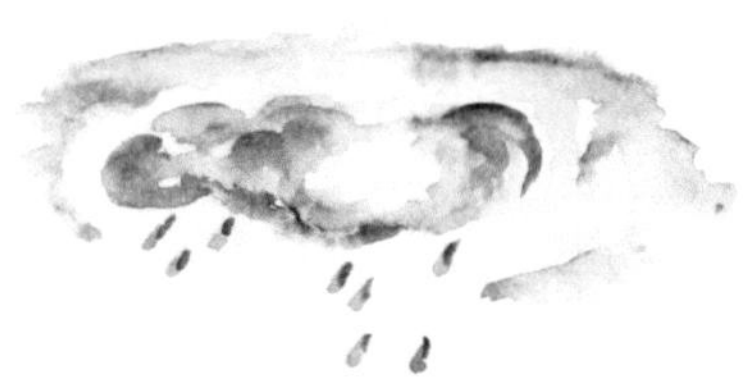

Zum Beispiel die Hälse der beiden Giraffen,
die verknotet waren, die musste er straffen.

Das Affenpaar sich beim Hangeln verirrte,
vier Affenarme der Noah entwirrte.

Die Tausendfüssler verfingen sich auch,
und Noah verbrachte den Tag auf'm Bauch …

Nach vierzig Tagen, da machte es „BUMM!".
Die Tiere erschraken und fielen um.
Die Wassermassen allmählich schwanden
und ließen die Arche ganz plötzlich stranden
hoch oben auf eines Felsens Spitze.
Noah lugte durch eine Ritze
und sprach zu den Tieren: „Bald ist es soweit,
noch ist landunter", dann grinste er breit.
„Na, wer von euch traut sich, wer hat Mut?
Und stürzt sich hinab in die tiefe Flut?"
Eine Feldmaus guckte voll Unbehagen.
„Nee, nee", sagte Noah, „verzeiht mein Betragen!
Das war nur ein Witzchen, bleib ruhig, kleine Maus.
Ist klar, nur ein Flügeltier darf jetzt raus!"
Da räusperten sich in der hintersten Ecke
zwei Fledermäuse in ihrem Verstecke.
„Nun ja", sagte Noah, „es wär auch nicht schlecht,
wenn der, der jetzt losfliegt was sieht – na, Herr Specht?
Wie wär's denn mit Ihnen?" – „Ich? … muss noch was machen,
was klopfen, 'n paar Holzlöcher und solche Sachen …"
So meldete sich nach etlichen Runden
ein Rabe und rief: „Bevor wir noch Stunden
hier sitzen bleiben und diskutieren,
mach ich mal den Job, ich werd's mal riskieren!"
Zweimal flog der Rabe und brachte die Kunde,
dass immer noch Wasser die Arche umrunde.

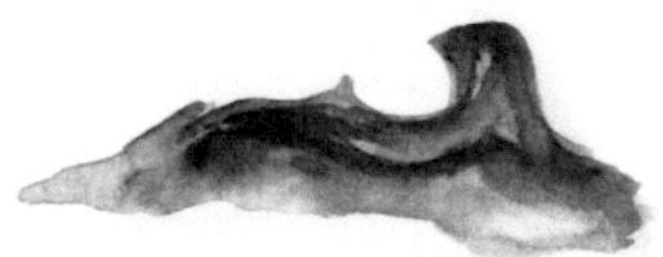

Noah besah sich den Zweig unterdessen
und dachte: „Ich habe es fast schon vergessen,
wie grün und schön die Erde mal war,
jetzt ist sie verschlungen." Doch sonderbar …
In diesem Moment eine Taube sich setzte
auf Noahs Schulter und wetzte
den Schnabel an dem grünen Zweig:
Ein Bild von Leben und Hoffnung zugleich.
Da streichelte Noah die Taube ganz sacht
und flüsterte leise: „Gib gut auf dich Acht.
Flieg los, kleine Taube, und such auf der Erde
ein Pflänzchen, aus dem der Neubeginn werde …"
Da flog die Taube ein drittes Mal.
Und siehe: Es war eine gute Wahl.
Sie brachte nach tagelangem Suchen
einen Ölzweig mit! „Wir wollen's versuchen",
sprach Noah nach drei weiteren Tagen,
„… die Arche nun öffnen, kommt, lasst es uns wagen,
nach so viel Dunkel ins Licht zu gehen
und hoffen, dass wir nicht im Regen stehn …"
und dabei kniff Noah ein Äuglein zu:
„Nicht wahr, Regenwurm, das wünschst auch du!
Nicht drängeln, ihr Lieben, passt auf – eure Füße!"
Er grinste die Schnecken an: „Eilige Grüße
auch an die Blindschleichen ganz hinten,
haltet die Augen auf! – Ausgang finden!"

Nur die Schmetterlinge rief Noah vergeblich.
Die waren schon weg, ganz „überheblich".
Als alle im Trockenen angekommen
vom Licht auf der Erde noch ganz benommen,
entdeckte Noah am Himmel oben
den siebenfarbigen Regenbogen.
Gott sprach: „Dies ist mein Zeichen: ein Band
zwischen mir und der Erde, vom Land
zum Himmel nach jedem Regen
werden die Farben an alles Leben
auf Erden erinnern und uns verbinden.
Ihr werdet darin mein Versprechen finden:
Alles Leben soll sich entfalten;
Ich werde immer die Erde erhalten."

So wurde der Regenbogen zum Zeichen,
dass Gott seine Schöpfung liebt, ohnegleichen.

Und ich? – Ich werd heut ein Pflänzchen verschenken
und dabei an Noahs Zweiglein denken …

… nach mir die Sintflut

Noah, diese uralte Geschichte mit finsterem Verlauf – Titanic Abenteuer aus dem alten Testament – zeigt wieder einmal, mit perfider Untergangserzähltechnik, die Schlechtigkeit des Menschen einerseits und die Größe Gottes andererseits, der mit einem Fingerschnippen mal eben so die schöne Welt mit allem was darauf ist, zunichte macht. Nicht gerade, was man unter „Erbauung im Glauben" versteht. Der schlechte Mensch – zu Recht aus der Welt geschafft – das mag man sich in selbstkritischen Momenten vielleicht noch anhören, aber was ist mit den unschuldigen Tieren und der Schönheit der Natur, die mit „dran glauben" müssen? Wir kommen hier ganz schnell zur Theodizee, der Frage nach der Rechtfertigung Gottes: Warum lässt Gott das alles zu?

Dieses Büchlein schaut aus einer anderen Perspektive auf die Noah-Geschichte, die, wie alle Geschichten aus der Bibel, eine Geschichte von Gott UND den Menschen ist und damit eine Beziehungsgeschichte. Gott ist nicht da oben auf einem himmlischen Thron, unerreichbar für uns Erdlinge, die er von dort aus regiert und schikaniert – er ist, wenn auch nicht sichtbar, GEGENWÄRTIG. Gott liebt seine Schöpfung! Und er leidet unter ihren Fehlläufen. Gott leidet mit den Menschen, die er nach seinem Bilde geschaffen hat, mit einem freien Willen ausgestattet, welcher die Menschen – nicht nur zu Zeiten Noahs – immer wieder in Abgründe führt, weil der Mensch an sich eben nicht nur Gutes weiß und ersinnt. Somit stolpert er immer wieder über sein eigenes, zwar selbstbestimmtes doch nicht immer weise geführtes Leben, manövriert sich immer wieder in Dunkelheiten hinein und reißt dabei leider auch einen Teil der schuldlosen Schöpfung mit sich. Eine Art „Menschen-Allmachts-Abseitsfalle".

Das ist heute so, das war zu Zeiten Noahs so. „Gott will jedoch das Gute bewahren ..." und so wird durch das Entgleisen der Schöpfung in der Noah-Geschichte Gottes Gegenwart sichtbar, sein Eingriff NOTWENDIG.

Die Schöpfung zu einem Neubeginn führen, das ist die Chance, die die Geschichte dem Menschen anbietet, der sie verstehen will! So wird der Gott der Gegenwart sichtbar, der den Menschen auf allen Wegen und Umwegen begleitet und ihm immer wieder die Chance zu einem neuen Anfang schenkt.

Zum Nach-Denken

Noah und das Wasser

Wasser ist ein kraftvolles, bewegliches Element. Wasser ist Leben, aber auch Gefahr. Die Bibel kennt beide Deutungen. So enthält die Taufe, der „nasse Kuss Gottes", nicht nur den lebensspendenden Aspekt, sondern ebenso die Ahnung, dass das Leben auch Dunkelheiten ausgesetzt ist.

Das kann man anschaulich machen: Bastle dir aus einer alten Kerze und einer Walnuss ein kleines Nussschalenschiffchen. Dafür musst du von einem Kerzenrest das Wachs schmelzen und in eine halbe Walnussschale gießen. In das noch warme Wachs steckst du dann ein Stückchen von dem Docht, der sich beim Schmelzen vom Kerzenrest gelöst hat.

Nun zündest du das Schiffchen an (besonders schön ist das natürlich bei Dunkelheit) und lässt es im Waschbecken oder in einer Pfütze schwimmen. Sobald du mit den Händen das Wasser durcheinanderwirbelst oder mal ordentlich pustest, fängt dein Schiff zu schaukeln an, bei noch ungestümeren Wellen hat es Mühe, sich über Wasser zu halten.

Keine Angst. Gott spricht: ICH BIN BEI EUCH ALLE TAGE. Was auch passiert, ich trage dich sicher durch alle Gefahren hindurch.

Noah und die Tiere

Gott spricht: „Ein Paar jeder Tierart soll mit dir fahren." Es wird nicht ausgewählt, welche Tierarten von besonderem Nutzen oder Schönheit sind, die gesamte Schöpfung soll einen Neubeginn erfahren vom Elefanten bis zum Regenwurm, alles lässt Noah paarweise (ach, du dickes Ei, bei genauem Hinzählen wird wohl ein Paar als Trio aus der Arche hervorgehen) und unzensiert einmarschieren.

Mal ehrlich: Hatte der Herrgott, wenn schon einmal dabei aufzuräumen, bei diesem sintflutlichen Aufwand nicht reinen Tisch machen können mit einigem lästigen Ungeziefer oder mit verschrobenen Gestalten aus der Tierwelt?

Er denkt nicht einmal daran! Gott achtet alle Kreatur, was einmal geschaffen war bleibt gut. Hier setzt das Auge des menschlichen Betrachters andere Maßstäbe: „… mit Gottes Augen die Schöpfung betrachten" heißt auch kleine, vermeintlich unwesentliche Wesensmerkmale wahrzunehmen.

Gerade kleine Tiere können sehr interessant aussehen. Mach dich einmal mit einer selbstgebastelten Unterwasserlupe auf den Weg. Vielleicht kannst du ein nahe gelegenes Gewässer aufsuchen. (Es muss kein reißender Fluss sein, ein kleines Bächlein tut's auch.)

Für die Unterwasserlupe befestigst du einfach ein Stück Frischhaltefolie mit einem Gummiring an eine leere, beidseitig geöffnete Konservendose. (Vorsicht bei den scharfen Kanten, eventuell mit Isolierband umkleben.)

Wenn du deine Lupe mit der Folie nach unten ins Wasser tauchst, siehst du nach einiger Zeit kleine Wassertierchen vorbei schwimmen.

Zwischen - Denken

Noah und der Elefant

Was ist denn mit dem Elefanten los, der sich im Urwald verlustiert, der die Zeit und wohl auch den Überblick über das Gesamtgeschehen verloren hat und seelenruhig seinen Gedanken nachhängt, behangen mit Algengestrüpp, während alle anderen Tiere sich längst hurtig und zielstrebig aufgemacht haben, um sich, gemäß Noahs Aufruf, pünktlich in der Arche einzufinden? Überhaupt scheint dieser krausköpfige Elefant den ganzen Laden, ja den Fortgang der Geschichte aufzuhalten, zu stören, mit seinen Quatschgeschichten unnötig allen (inklusive der Leserschaft) die Zeit zu stehlen, letztlich das ganze Projekt zu gefährden, denn Noah hat wohl bei beginnendem Regen nicht nur nasse Füße bekommen …

Der Elefant hat sich seine eigenen Gedanken gemacht und ist, wider der Vernunft der anderen, im Urwald herumgewandert, auf der Suche nach etwas Schönem, nicht für sich, sondern für Noah, dessen Tun er mit aller Konsequenz begriffen hat, weil er den Verlust der Schöpfung zuende gedacht hat. So bringt er den grünen Zweig, ein Bild von „Hoffnung und Leben" zugleich, denn wie sollen sich Menschen und Tiere am Wiederaufbau der Schöpfung beteiligen, wenn sie kein Bild, keine Erinnerung an das Schöne mit sich tragen, wie an einer Umwelt mitgestalten, wenn die lebendige Vorstellung derselben fehlt, verknüpft mit der Hoffnung, das Leben möge auch nach der langen Archerundfahrt wieder zu grünen beginnen …

Was ist eigentlich los mit diesen Menschen, die stromaufwärts schwimmen, einen eigenen unberechenbaren Zeitgeist zu haben scheinen, ein unzeitgemäßes Tempo anlegen, nicht auf Aufruf parieren, sondern ihrem eigenen inneren Ruf folgen, dabei aber augenscheinlich die elementaren Dinge und Vorgänge zu begreifen scheinen …?

Liebes Kind, nun denke DU nach und male, was DIR in den Sinn kommt, wenn du an Gottes schöne Schöpfung denkst. Nimm ein Blatt Papier und einen Pinsel oder Buntstifte und male das, was dir am Herzen liegt auf der Erde. Das kann etwas GANZ GROSSES oder etwas klitzekleines sein. Das kann auch etwas sein, von dem andere sagen: So ein Quatsch … was für eine Zeitverschwend- ung …! Schöpfe dabei aus deiner Phantasie. Du darfst das Bild ruhig als „deine Schöpfung" ansehen, es ist ja aus deiner Hand.

Noah und der Regenbogen

Es ist schon ein Wagnis, nach Ende der tosenden Sintflut, die vierzig Tage lang mit zerstörerischer Kraft die Erde verwüstet hat, die Arche zu öffnen und ins Freie zu treten. Was mag Noah erwartet haben? Eine große Einöde, Land ohne Leben, ja – eine Welt ohne Farben?

Gott aber lässt nicht auf einen Ausblick in die Zukunft der Menschen und Tiere warten: Er setzt den Regenbogen, das Band zwischen Himmel und Erde, Gott und den Menschen in die Wolken. Mit der ganzen Fülle der Farben der Schöpfung zeigt er auf das, was kommen wird – mehr noch: an die Vision eines farbenprächtigen Lebens knüpft er sein Versprechen: „Solange die Erde steht, soll nicht aufhören Saat und Ernte, Frost und Hitze, Sommer und Winter, Tag und Nacht." (1.Mose 8, 22)

So lieb hat Gott uns alle.

Bestimmt hast du schon mal den Regenbogen am Himmel gesehen, wenn bei einem Regen gleichzeitig die Sonne scheint und die Regentropfen das Licht der Sonnenstrahlen reflektieren. Alle Farben des Regenbogens haben in der Natur eine Entsprechung.

DIE REGENBOGENFARBEN

Zu zweit kann man ein schönes Regenbogen-farbenspiel spielen:

Spieler 1 denkt sich etwas aus der Natur und beginnt mit den Worten: „In meinem bunten Regenbogen, da gibt es ein …" (hier wird ein Oberbegriff wie Tier, Obst oder Gemüse eingesetzt). Spieler 2 rät nun zunächst die Farbe, um den Gegenstand einzugrenzen, dann versucht er durch Fragen, die nur mit „ja" oder „nein" zu beantworten sind, auf die Lösung zu kommen. Nach 10 Fragen sollte die richtige Antwort erraten worden sein.

Noch eine Idee, den Regenbogen im Schöpfungszusammenhang zu begreifen: Male einen großen Regenbogen auf ein Blatt Papier. Dann suche in alten Zeitschriften schöne Dinge aus, die mit deinem Leben zu tun haben, reiße sie heraus und klebe sie den Farben entsprechend auf deinen Regenbogen.
Vielleicht hat Gott auch so eine farbenprächtige Collage im Sinn gehabt, als er den Regenbogen in die Wolken setzte …?

Noah und die Arche

„… vierzig Tage ohne ein Licht", wie eingeschlossen in der Dunkelheit. Was Noah und die Tiere hier durchleben, ist zu vergleichen mit einer Lebenskrise, die jeder Mensch – dauert sie auch nicht immer vierzig Tage – in Zeiten der Hoffnungslosigkeit durchläuft; Zeiten der Traurigkeit und Zeiten der Angst gehören dazu. Das, was durch die Not trägt, ist der „rettende Gedanke Gottes". Genau das steckt in dem Bild der Arche. Sie ist Zufluchtsort für den Menschen, lässt ihn nicht untergehen und wissen, dass nach jeder großen Dunkelheit die Sonne wieder ins Leben scheint. Außerhalb der Arche ist alles der tobenden Sintflut ausgesetzt, aber die Arche trägt Menschen und Tiere sicher durch die Sturmfluten des Lebens hindurch.

Nicht immer sind andere Menschen in schweren Zeiten erreichbar; Zuversicht durch Gottes Nähe immer.

Wenn du traurig bist oder Angst hast und es ist gerade niemand in der Nähe, setze dich in dein Zimmer und stell dir vor, du sitzt in Gottes Arche. Auf der nächsten Seite findest du zu guter Letzt ein kleines Lied, dass du dann singen kannst.

MEIN ZIMMER — MEINE ARCHE